嗨~

谢谢你打开这本书！

作为报答，让我先告诉你一个小秘密：我就是这本书中的赵老师！这本书里发生的故事是真的。这些故事发生在一所国际学校里。

几年前，我开始教9年级3班。班上的学生来自不同的国家。他们的汉语水平不同，每个人的性格也不一样，但是，他们都非常喜欢我，也非常喜欢学汉语。当他们读汉语故事书的时候，希望我能写一些关于他们的故事。

于是，就有了这套《青春校园汉语读物》系列。希望你喜欢！如果你想知道后来发生了什么，欢迎你给我和书中的人物写信！

qingchunxiaoyuan@aliyun.com

赵 老师

9年级3班的汉语老师，
全校最酷的老师

叶润

一个个子高大
的韩国女孩

瑞安

一个帅气的混
血儿，备受女
同学的喜欢

嗨!

想知道如何通过读书为慈善机构筹集善款吗?

快来参加我们的读书周吧!

每年，我们学校都要举行**读书周**。读书周一方面可以让我们养成读书的**好习惯**，

读书周

另一方面也可以为
慈善机构**筹集善款**。

$9300

在读书周里，每个学生都会得到一张**表格**。在表格上，要**记录**下来捐款人的**姓名**和捐款**数目**。

有的学生找自己的**父母**，学生
读一本书，父母**捐款**100元。

有的学生找老师，读10分钟
的书，老师**捐款**20元。

更多的学生是互相
捐款，读一本书，
捐款5元。

当然，还有的学生会回家找**邻居**、父母的**同事**，甚至是**陌生人**捐款。

读书周第一天，一般都是星期一，老师和学生都要打扮成书中人物的样子。

所以，你可能会见到几十个**哈利·波特**。

很多个**灰姑娘**和很多个**科学怪人**！

还有**各种各样**的**故事人物**，
比如三剑客、小飞侠、小仙女……

鲁迅

今年马克穿了一套**中式长袍**，同学们
都问他扮的是谁？他说是**鲁迅**。

虽然谁都不知道
鲁迅是什么人，
但是我们都会说:

酷!

17

整个学校里到处都是**各种各样**的人物穿着**五颜六色、各式各样**的衣服，你会觉得自己好像是在**电影**里一样。

学校每年会选出五个打扮得最有**创意**的学生，今年就有我们班的**叶润**。她对怎么**打扮**自己最**感兴趣**，整天都**希望**多一些读书周这样的活动。

今年她打扮成了
《**哈利·波特**》
里的**女主角**赫敏。

最有意思的是，瑞安**居然**打扮成了哈利·波特。我们都说他们俩一定是**商量**好的，**因为**他们站在一起真的很**般配**。

到了**周五**最后一节课上到一半的时候，学校会响起铃声。要知道，**平时**是没有铃声来**提醒**我们上课、下课的。

听到铃声，每个人都会停下手中的事情，从**书包**里拿出一本书。全班所有人，**包括**赵老师，都会开始读书。

$750000

今年的读书周里我们读了很多书。全校一共**募捐了75万**元。

其中有个同学，他一个人就**筹集**了三万块。他**究竟**是谁呢？大家都很想知道。

想一想，他要读多少书，找多少人资助他，才能筹集三万块呀！

当然，他也会**因此**得到学校的**奖励**。**至于**奖励是什么，谁也不知道。你们**猜猜看**？

读书是一件
有趣的事情

慈善机构	císhàn jīgòu	charity
捐款	juānkuǎn	donate, donation
同事	tóngshì	colleague
邻居	línjū	neighbour
创意	chuàngyì	creative idea
商量	shāngliang	discuss, discussion
般配	bānpèi	match, goes well
提醒	tíxǐng	remind
包括	bāokuò	include
筹集	chóují	raise money
资助	zīzhù	financial support
纪录	jìlù	to record
募捐	mùjuān	collect donation

活动

谈谈你的读书感受：

1. 请列出你最近读过的三本书的书名。

2. 你觉得阅读重要不重要？为什么？

3. 你最喜欢的中文书是什么？

4. 如果你们学校举办读书周，你想扮成哪些人物？

5. 你们学校有读书周吗？和故事里的学校的读书周有什么
   不同吗？

青春校园
汉语读物·9年级3班

Qingchun Xiaoyuan Hanyu Duwu

爱听写的女孩

作　者　Victor Siye Bao

绘　图　乔剑　邓磊

高等教育出版社·北京

GHER EDUCATION PRESS　BEIJING

谢谢你打开这本书！

作为报答，让我先告诉你一个小秘密：我就是这本书中的赵老师！这本书里发生的故事是真的。这些故事发生在一所国际学校里。

嗨~

几年前，我开始教9年级3班。班上的学生来自不同的国家。他们的汉语水平不同，每个人的性格也不一样，但是，他们都非常喜欢我，也非常喜欢学汉语。当他们读汉语故事书的时候，希望我能写一些关于他们的故事。

于是，就有了这套《青春校园汉语读物》系列。希望你喜欢！如果你想知道后来发生了什么，欢迎你给我和书中的人物写信！

qingchunxiaoyuan@aliyun.com

赵老师

9年级3班的汉语老师，全校最酷的老师

宋容

一个性格安静的韩国女孩

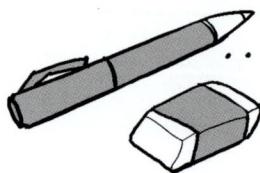

笔 和 橡皮

凯文

瑞安

叶润

凯文

宋容

是一个能够主动学习的
女孩，尤其是听写。

她是个喜欢听
写的女孩。

3

宋容是我们中文班里的一个女孩，她是韩国人。

她跟叶润不同，她会说**流利**的**韩语**。

而且她还非常喜欢**考试**，
特别是汉语课上的**听写**，
几乎每次听写她都**全对**。

所以她**经常**会得
到老师的**奖励**。

每次上**汉语课**，学完了**新词**以后，宋容都会举起手来问：

老师，下次听写哪些生词啊？

老师就会让我们拿出铅笔，打开**课本**。
老师说一个词，我们就要用**铅笔**画一
个**圈**，或者打一个**勾**。

老师每说一个词, 宋容就会跟着说一次。

校园

校园

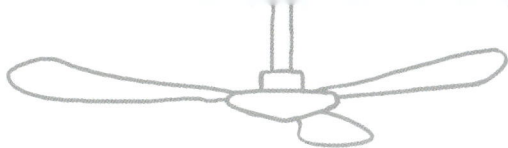

她每说一次，别人就会**瞪**她一眼，因为我们都不喜欢听写。

真不知道宋容为什么
每次都能得**100**分。

12

有几个男孩，**特别**不喜欢**宋容**。因为有时候他们都**感觉**老师已经忘了下次要听写的事了，**可是**她一定会**提醒**老师。

最**可恨**的是，老师总是**提高**及格分数线。今天及格分数是要**超过**百分之五十的**词汇**都写对，下次就要百分之六十……

如果我们**不及格**，老师有时候要我们把写错的词写**20遍**；有时候要我们把所有的生词**抄写**3遍！

我们几个**经常**不及格的人
常常一边写着生词，一边
在心里**恨**着宋容！

宋容一点儿也**不生气**，还是**高高兴兴**地看着自己的练习本，小声地笑。

有一次，她**生病**了，
好几天没来学校上课。

她来的那天，我们正好要听写。我们有几分钟时间复习，她举起手说：

老师，我不知道要听写哪些生词。

我们听了都很**高兴**，想看看宋容这次还能不能及格，**想象**着她不及格后的**表情**会是什么样。

果然！这次宋容真的没有
及格。她看着自己的**考卷**，
眼泪都快**流**出来了……

我们都等着看老师让她写**几遍**生词。是**20**遍，还是**30**遍？

谁知道老师**竟然**说：

宋容这次不知道要听写的生词，得到这个分数已经很不错了！

23

我们都很**吃惊**，不知道老师为什么会这样。心里都开始**暗骂**，凯文忍不住**叨咕**：

哼！老师的**宠物**！

宋容什么也没说，只是**自己默默**地把写错的生词全部都重新**抄写**了20遍。

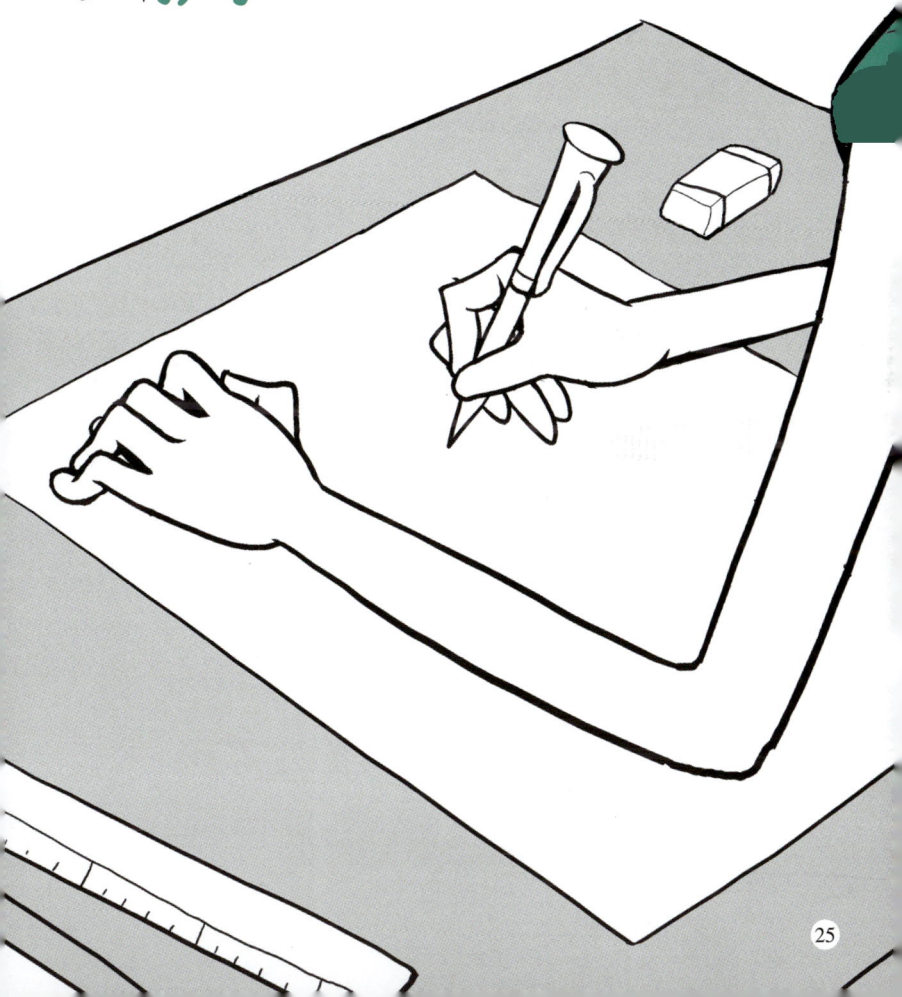

看到这**情景**，大家都有些**不好意思**了，心里都有点儿**惭愧**……

......

从那以后，我们都
开始**喜欢**宋容，这
个爱听写的女孩。

学习需要
主动自觉

主动	zhǔdòng	active
尤其	yóuqí	especially
流利	liúlì	fluent
奖励	jiǎnglì	give prize, award
瞪	dèng	stare, look at
提醒	tíxǐng	remind
表情	biǎoqíng	facial expression
果然	guǒrán	as expected
竟然	jìngrán	unexpectedly, to one's surprise
吃惊	chījīng	surprise
暗骂	ànmà	scold secretly, swear quietly
叨咕	dāogū	talk to oneself
惭愧	cánkuì	feel ashamed

词语表

回答问题。

1. 宋容和叶润有什么不同？

2. 为什么那几个男孩特别不喜欢宋容？

3. 如果你听写不及格，老师会惩罚你们吗？如果是，老师是怎么惩罚的呢？

4. 假如你是宋容，在生病回来以后拿到这样的听写成绩，你会怎么想？

5. 最后大家为什么感到有点儿惭愧了？

嗨~

谢谢你打开这本书！

作为报答，让我先告诉你一个小秘密：我就是这本书中的赵老师！这本书里发生的故事是真的。这些故事发生在一所国际学校里。

几年前，我开始教9年级3班。班上的学生来自不同的国家。他们的汉语水平不同，每个人的性格也不一样，但是，他们都非常喜欢我，也非常喜欢学汉语。当他们读汉语故事书的时候，希望我能写一些关于他们的故事。

于是，就有了这套《青春校园汉语读物》系列。希望你喜欢！如果你想知道后来发生了什么，欢迎你给我和书中的人物写信！

qingchunxiaoyuan@aliyun.com

人物介绍

赵老师

9年级3班的汉语老师，全校最酷的老师

玛丽
（故事中的我）

一个中美混血女孩

宋容

叶润的好朋友，一个性格安静的韩国女孩

丹尼

一个帅气的日本男孩，高年级的学长

叶润

一个高大的韩国女孩，现在暗恋着丹尼

纸条!

没错,这就是一张神秘纸条引发的故事……

直到现在也没有答案,不过,这又有什么关系呢?

运动会上叶润的**阿凡达公主装扮**让大家都**记住**了她。跟我们想的一样，那之后，叶润真的红了！

人气

很多高年级的学生见到她，都会**主动**跟她**打招呼**。他们**说说笑笑**的样子，就好像是**老朋友**一样。

有一天，叶润**突然**发现自己的书里**夹着**一张**纸条**。**因为**叶润以前收到过的纸条太多了，**所以**她觉得没有什么，**随手**就把纸条**扔掉**了。

无聊！

我**非常喜欢**你！如果你看到这张纸条，请今天下午放学后到**体育馆**来找我。

宋容和我**抢**过来看，只见上面没有**名字**，只是写着：

叶润**眼睛**突然一亮，
然后假装**随意**地说：

管他呢，
真无聊！

9

我们太**了解**叶润了，都知
道下午放学后她**一定**会去
的。因为她喜欢
排球队一个叫
丹尼的日本**男孩**。

呵呵

还**记得**上次**露营**的时候，见到
丹尼后，叶润的**两只眼睛**就没
从他的身上离开过。

露营回来后，叶润**经常**给丹尼**打电话**，有时还**送礼物**给丹尼。

那个时候高大**英俊**的丹尼**似乎**根本不把她放在眼里，觉得她只是一个**小·女孩**。

男朋友

叶润**这边**在我们年级同学面前说丹尼是她的男朋友。

那边天天去找丹尼，**希望**丹尼做她的**男朋友**。

嗨！丹尼。

有一次，丹尼**投诉**到赵老师那里，说她是个**可怕**的 STALKER。

现在不同了，经过运动会，叶润在全校都出名了。也许是那个丹尼**改变**了**主意**呢？

放学以后，叶润**果然**没有**直接**坐**校车**回家，而是自己**偷偷**去了**体育馆**。

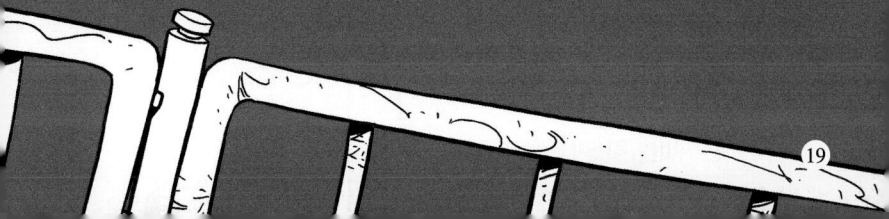

体育馆里，丹尼正在跟**其他队员**一起**练习**。他好像**没看见**叶润一样，**认真**地练习着。

帅！

加油！加油！加油！加油……

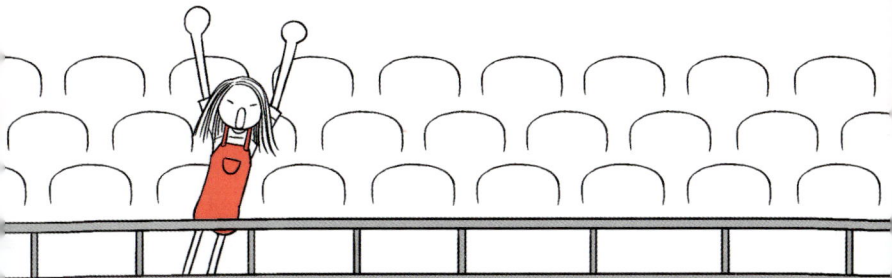

叶润**站起来**为丹尼喊**加油**！
丹尼还是**看都不看**她一眼。

突然，**机会**来了！球**飞**了过来，叶润马上跑过去，**捡**起球，**笑嘻嘻**地走到丹尼面前把球**递给**他。

这个时候，丹尼**意识**到**看台**上那个**活跃**的女孩是叶润！**冷冷地**说：

唉！怎么又是你啊！

叶润很**失望**，她回到场边，拿起**书包**，气冲冲地走了。很**明显**，那张**神秘纸条**不是丹尼写给自己的。

那张神秘的纸条**究竟**是**谁**写的呢？

我们**纷纷议论**起来：有人**怀疑**是**瑞安**写的，也有人怀疑是排球队别的男生写的，**甚至**有人**猜测**那张纸条是叶润为了让大家**羡慕**，自己写给自己的。

看到大家都**背后议论**她，
叶润急得**哭了起来**……

！

我才没有那么**无聊**呢！

这**一幕**被**躲**在**角落**里的赵老师看到了。

第二天，每个同学的书里都夹了一张纸条，上面写着："背后议论别人**是不是**一件**正确**的事？**请**写下你的**看法**。"

我们几个**议论**过叶润的同学都**涨红**了脸。我们都知道，这张神秘的纸条上说的是谁……

我们去给叶润**道歉**，放学后请她
吃**冰淇凌**。叶润点了最贵的那
款，然后，就**原谅**了我们俩。

至于那张纸条到底是谁写的，管他呢！只有无聊的人才会关心无聊的事，对吧？

背后议论别人是不对的

神秘	shénmì	mysterious
无聊	wúliáo	boring
投诉	tóusù	complain
意识	yìshí	realize
活跃	huóyuè	active
失望	shīwàng	disappointed
究竟	jiūjìng what on earth, indeed	
背后议论	bèihòu yìlùn talk behind some one's back	
怀疑	huáiyí	suspect
羡慕	xiànmù	admire
躲	duǒ	hide
涨红	zhànghóng	blush
道歉	dàoqiàn	apologize
原谅	yuánliàng	forgive
在乎	zàihu	care about

词语表

活动

假如你是叶润，请说说你的感受：

1. 当你拿到神秘纸条的时候……

2. 当丹尼对你很冷淡的时候……

3. 当别的同学说是你自己写的纸条的时候……

4. 当大家跟你道歉的时候……

露营

作 者 Victor Siye Bao

绘 图 乔剑 邓磊

高等教育出版社·北京
HIGHER EDUCATION PRESS BEIJING

嗨~

 谢谢你打开这本书!

作为报答，让我先告诉你一个小秘密：我就是这本书中的赵老师！这本书里发生的故事是真的。这些故事发生在一所国际学校里。

几年前，我开始教9年级3班。班上的学生来自不同的国家。他们的汉语水平不同，每个人的性格也不一样，但是，他们都非常喜欢我，也非常喜欢学汉语。当他们读汉语故事书的时候，希望我能写一些关于他们的故事。

于是，就有了这套《青春校园汉语读物》系列。希望你喜欢！如果你想知道后来发生了什么，欢迎你给我和书中的人物写信！

qingchunxiaoyuan@aliyun.com

赵老师

9年级3班的汉语老师，全校最酷的老师

宋容

一个性格安静的韩国女孩

叶润

一个个子高大的韩国女孩

1

丹尼

一个帅气的日本男孩，作为高年级的学生领袖指导低年级同学如何搭建帐篷

他是叶润新的**暗恋**对象♡

露营

不仅能让同学们接触大自然，

还可以锻炼大家的团队配合和动手能力。

上一个活动周，我们学校
组织大家去**郊外露营**。

露营的**地点**离**市中心**·不远，
坐车只要一个半**小·时**。

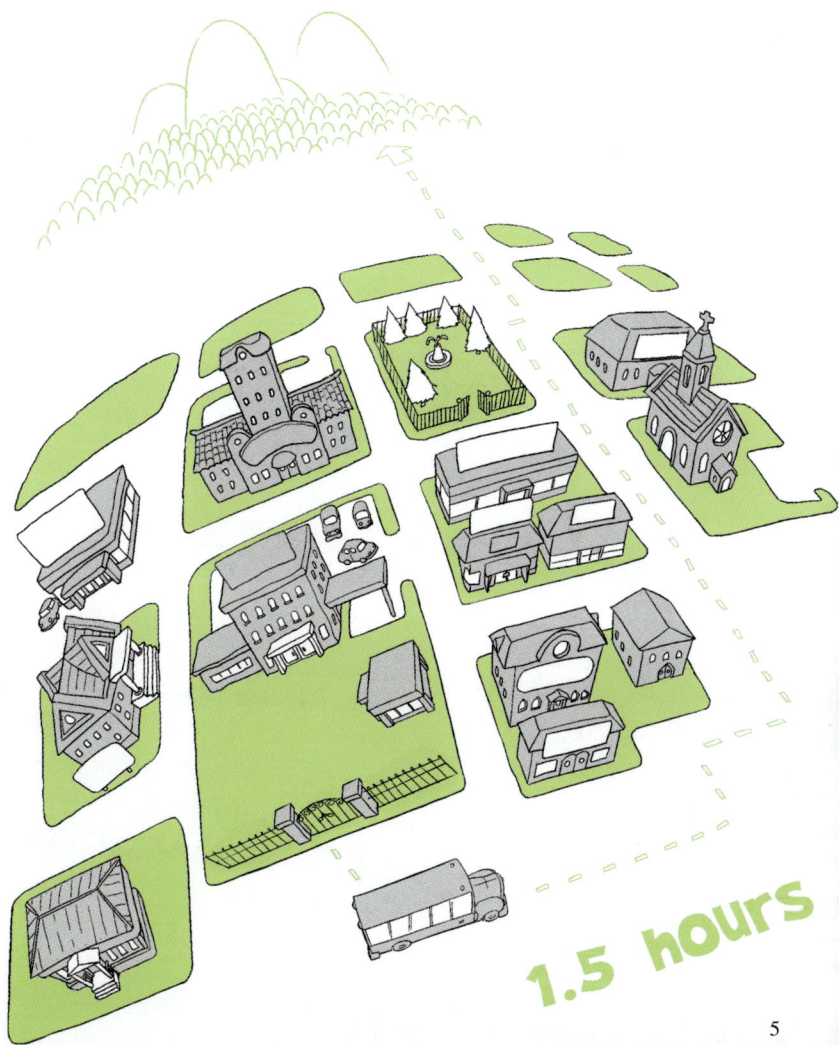

1.5 hours

那里有山、有水、还有森林，非常适合露营。

到了**营地**，我们被分成了不同的**小组**，叶润、宋容、我和**其他**两个女孩一组。

赵老师告诉我们：

第一个**任务**是要**建**一个住的地方。

啊？！这里没有**酒店**吗？

8

这次你们都要住在帐篷里，所以要自己**搭帐篷**。

9

叶润马上没有了**笑容**，她看了一眼宋容，宋容**摇摇头**。她看看其他人，大家都露出一脸**为难**的**表情**。

要知道，我们都没**参加**过露营，光是收拾**随身物品**就够让人**头疼**的了，更不要说自己搭帐篷了。

正当我们都不知道该
怎么做的时候，一个
男孩出现了……

你们好！

他叫**丹尼**，是**高年级**的学生，这次是作为**学生领袖**来帮助我们的。

最让人**开心**的是，丹尼**介绍**完他自己后，就**耐心**地教我们该**如何**搭帐篷。

我们**开始**吧！

看到这样一个帅哥，叶润马上就开始**问个不停**。比如：

你是哪国人？

你喜欢什么运动？

丹尼一边忙一边
耐心**回答**：

我是日本人，
我喜欢打排球。

直到叶润问了这个问题：

你有没有女朋友？

同学，这个问题**似乎**和搭帐篷没关系吧？

17

丹尼好像有些**不高兴**，他说："好啦！你们已经知道该怎么做了，**加油**吧，**姑娘**们。"然后就**转身**走了……

我们都**责备**叶润，都是因为她，
现在大家要自己搭帐篷了。

等我们搭好帐篷，已经是中午了。大家都累得直不起腰了。

下午，虽然赵老师为我们组织了很多有趣的活动，可是大家都一心只想回到自己搭的帐篷里去。

到了晚上，我们终于躺在了自己搭的帐篷里，**感觉**好**舒服**！

望着外面的**满天星斗**，
大家**谈论**着一起搭帐篷
的**过程**，都感觉自己白
天的**努力**没有**白费**。

突然，叶润咯咯地笑了起来，大家问她为什么笑，她说：

好厉害！

没准有一天，咱们也能作为**高年级**的学生领袖，教**低年级**学生如何搭帐篷呢！

到时候他们问你
有没有男朋友，
你会走掉吗？

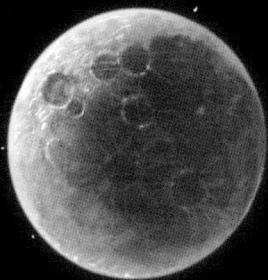

叶润的脸一下子红了，
大家都**笑**了起来……

哈哈哈哈……

任何事情都有
第一次

词语表

接触	jiēchù	contact
锻炼	duànliàn	do exercise
配合	pèihé	cooperate, go with
郊外	jiāowài	suburb
搭帐篷	dā zhàngpeng	set up a tent
摇头	yáotóu	shake one's head
为难	wéinán	feel hard to do
随身物品	suíshēn wùpǐn	personal belongings
领袖	lǐngxiù	leader
似乎	sìhū	as if, seems
责备	zébèi	blame
满天星斗	mǎntiān xīngdǒu	sky full of stars
过程	guòchéng	process
白费	báifèi	waste of
没准	méizhǔn	maybe

活动

1. 假如你是丹尼，由你来教女孩们如何搭帐篷，请你写出搭帐篷的方法和步骤。

2. 假如你是丹尼，当叶润问你那些问题的时候，你会怎么想？写50字的短文，描述一下你当时心理活动。

运动会啊，运动会！

作　者　Victor Siye Bao

绘　图　乔剑　邓磊

高等教育出版社·北京
HIGHER EDUCATION PRESS　BEIJING

嗨~

谢谢你打开这本书!

作为报答,让我先告诉你一个小秘密:我就是这本书中的赵老师!这本书里发生的故事是真的。这些故事发生在一所国际学校里。

几年前,我开始教9年级3班。班上的学生来自不同的国家。他们的汉语水平不同,每个人的性格也不一样,但是,他们都非常喜欢我,也非常喜欢学汉语。当他们读汉语故事书的时候,希望我能写一些关于他们的故事。

于是,就有了这套《青春校园汉语读物》系列。希望你喜欢!如果你想知道后来发生了什么,欢迎你给我和书中的人物写信!

qingchunxiaoyuan@aliyun.com

赵老师

9年级3班的汉语老师，
全校最酷的老师

叶润

一个子高大
的韩国女孩

宋容

叶润的好朋
友，一个性
格安静的韩
国女孩

瑞安

一个帅气的混血儿，备
受班里女同学的喜欢

凯文

一个有"多动症"
的转校生

熊猫杰夫

一个在美国出生长大
的香港男孩，聪明、
可爱，又有点儿腼腆

长跑

除了要有好的体能，还需要很多技巧和秘诀哦！

它是一项既有趣又有益的运动。

在我们**学校**，大家都很喜欢**运动**，所以每年运动会都会有很多人**参加**。

运动会上大家都**非常开心**，
因为这一天我们不用穿**校服**。

我们穿的**运动服**颜色都
不一样，一共有6种**颜色**。

啦啦队和吉祥物是大家最感兴趣的。

叶润整天都在想着啦啦队的事，因为对她来说，**参加**啦啦队就可以**认识**更多**帅哥**。

很快就到了**运动会**那天，天气**晴朗**，阳光**灿烂**，不冷也不热。

远远望去，运动场上到处都是
红黄绿蓝紫等各种**颜色**！

大家的装扮有趣极了，有红色的
大公鸡，有黄色的**大狗**，有紫
色的**大企鹅**……

叶润装扮成了《阿凡达》里的公主。一身蓝色的衣服真是太酷了！她的头发还梳成了很多小辫子。她一出现，大家都为她欢呼和鼓掌。

9年级男子1500米的比赛开始了，14个学生参加了比赛。熊猫、瑞安和凯文都在里面，瑞安跑得最快！

因为是**长跑**，所以赵老师在比赛之前就叫他们先不要跑得太快。

刚开始，熊猫跑得一点儿也不快，他与第一个同学只**相差**那么**几步**。

第二圈的时候，瑞安好像着急了，他开始跑得更快了，可是没多久就渐渐地慢了下来。

熊猫还像开始时那样，跑得不快也不慢。

第三圈的时候，大部分运动员都累了，开始慢了下来。熊猫好像也快不行了，与第一个同学拉开了一定距离。

在他跑过他们班看台的时候，同学们都大声**呼喊**，为他**加油**。听到同学们的加油声，他好像又有了**力量**，跑得更快了。

Go! Go! Go!

加油！

Come on!

他跑得像《阿甘正传》里的**阿甘**。

一下子**超过**了第一个同学，跑到了**第一位**。

最后一圈的时候，**凯文**还在**坚持**，但是跑得不快。

瑞安早已经被落下
快一圈了，但他还是
坚持跑到了最后。

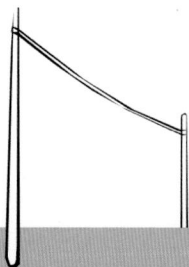

眼看着熊猫马上就到**终点**啦！

啊？

加油，快跑！

突然，后面几个同学都开始**加速**了，我们大家又**期待又紧张**！熊猫跑得更快了，**终于**……

他**第一个**到达了终点。

冲过终点的熊猫还在**继续**跑！
大家都觉得很**奇怪**，已经跑完了，
为什么他还要跑呢？只有赵老
师站在一边**默默**地**微笑**。

熊猫回来后对我们说：

长跑到了终点后，是不能**立刻**停下来的，要多跑一会儿，**然后**再走一会儿，这样会**避免**运动性**晕厥**。

同学们**惊讶**地看着熊猫，**好奇**他怎么会**知道**这么多关于跑步的事情。

都是赵老师
告诉我的！

宋容更是激动得不行，跑过去说：

哎呀！熊猫，我怎么不知道你跑步这么好呢！

熊猫**笑眯眯**地说：

你们以为我只是个**可爱**的熊猫吗？其实我是个**奔跑**的熊猫！

同学们笑着齐喊：

奔跑吧，熊猫！

27

运动是一件
快乐的事

啦啦队	lālāduì	
	cheer leader, cheer leading	
吉祥物	jíxiángwù	mascot
感兴趣	gǎnxìngqù	be interested in
晴朗	qínglǎng	sunny and bright
装扮	zhuāngbàn	dress up
欢呼	huānhū	chant
鼓掌	gǔzhǎng	clap hands, applause
相差	xiàngchà	differ
渐渐地	jiànjiànde	gradually
距离	jùlí	distance
终点	zhōngdiǎn	finishing point
期待	qīdài	look forward to
紧张	jǐnzhāng	nervous
避免	bìmiǎn	avoid
晕厥	yūnjué	faint
奔跑	bēnpǎo	run quickly

词语表

学校要开运动会了，请你试着写出运动会上至少五项田赛、五项竞赛的项目名称。然后在班上调查一下，谁会参加哪些项目的比赛。

田赛项目名称：1. _____ 2. _____ 3. _____

4. _____ 5. _____

竞赛项目名称：1. _____ 2. _____ 3. _____

4. _____ 5. _____

姓名	比赛项目